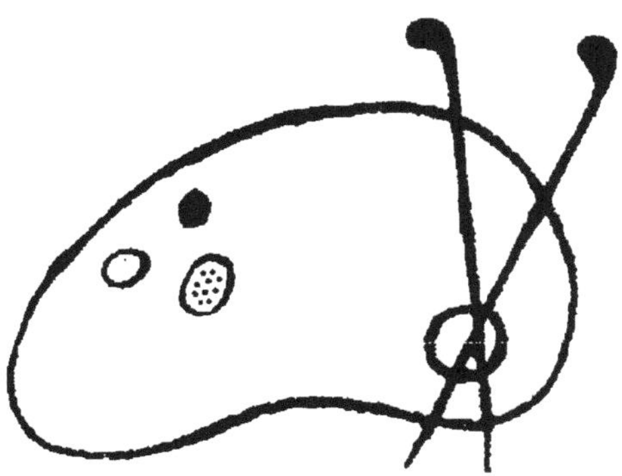

Début d'une série de documents
en couleur

LE
PROJET DE RÉFORME

DE LA

LICENCE EN DROIT

PAR

Th. DUCROCQ

PROFESSEUR DE DROIT ADMINISTRATIF A LA FACULTÉ DE DROIT DE PARIS

PROFESSEUR HONORAIRE ET DOYEN HONORAIRE DE LA FACULTÉ DE DROIT DE POITIERS

EXTRAIT DE LA REVUE GÉNÉRALE D'ADMINISTRATION

PARIS

BERGER-LEVRAULT ET Cⁱᵉ, LIBRAIRES-ÉDITEURS

5, RUE DES BEAUX-ARTS, 5

MÊME MAISON A NANCY

1889

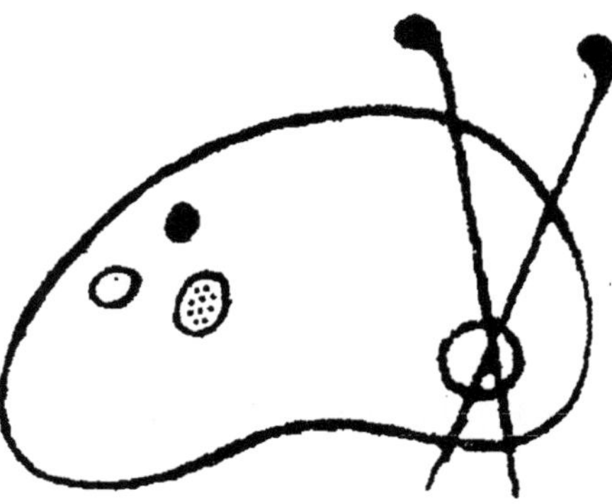

Fin d'une série de documents
en couleur

LE
PROJET DE RÉFORME

DE LA

LICENCE EN DROIT

PAR

Th. DUCROCQ

PROFESSEUR DE DROIT ADMINISTRATIF A LA FACULTÉ DE DROIT DE PARIS

PROFESSEUR HONORAIRE ET DOYEN HONORAIRE DE LA FACULTÉ DE DROIT DE POITIERS

EXTRAIT DE LA REVUE GÉNÉRALE D'ADMINISTRATION

PARIS

BERGER-LEVRAULT ET Cie, LIBRAIRES-ÉDITEURS

5, RUE DES BEAUX-ARTS, 5

MÊME MAISON A NANCY

1889

LE PROJET DE RÉFORME

DE LA LICENCE EN DROIT

Le *Journal officiel* du 13 janvier 1889 contient une circulaire, en date du 12, adressée aux recteurs par M. Lockroy, ministre de l'instruction publique et des beaux-arts. Le ministre charge les recteurs de prendre l'avis des Facultés des départements sur des propositions de réforme de la licence en droit, délibérées par la Faculté de droit de Paris, en conséquence de ses démarches antérieures et des réponses ministérielles dont elles avaient été l'objet.

Il s'agit là d'un acte considérable qui peut amener enfin l'heureuse solution de la question, agitée depuis cinquante ans, de l'extension nécessaire dans les Facultés de droit de l'enseignement des sciences politiques et administratives.

Dans cette longue période, et même antérieurement, des progrès ont été réalisés dans le sens de cet indispensable développement. Des chaires nouvelles ont été successivement créées; des enseignements nouveaux ont été introduits dans les Facultés de droit, où ils avaient leur place naturelle. Les gouvernements et les parlements ont presque tous contribué à ces importantes améliorations.

Mais toutes sont placées dans un cadre trop étroit, qu'il faut élargir, non seulement afin de rendre possibles de nouveaux progrès dans l'avenir, mais aussi pour mieux utiliser les ressources existantes ; pour mettre les forces dès à présent acquises à la hauteur des services à rendre au pays et des besoins essentiels d'une société démocratique chaque jour grandissante.

C'est ce qui a été depuis longtemps compris par les pouvoirs publics et plusieurs fois tenté. Il n'est que temps d'arriver enfin à une solution. L'occasion est plus favorable que jamais.

Les ressources en enseignements existants, et dont il s'agit de faire

une meilleure répartition et un plus judicieux emploi, sont plus consi-
dérables que lors des tentatives antérieures, et les crédits à demander
aux Chambres pour des créations nouvelles dans toutes les Facultés
de droit sont bien moins importants aujourd'hui qu'ils ne l'étaient
il y a vingt ans, lorsque MM. Duruy et Bourbeau sollicitaient une
réforme analogue.

Quelle plus magnifique occasion, en outre, que celle qui se présente
aujourd'hui, d'accomplir une telle réforme? Ne sera-ce pas célébrer
comme il convient aux Universités, de la façon la plus noble et la plus
durable, vraiment digne de la grande Assemblée constituante, le centenaire de 1789?

M. Lockroy a beaucoup honoré son administration en faisant entrer
une telle question dans la période d'exécution. Son successeur aura le
mérite de la réaliser. Le Conseil supérieur de l'instruction publique
tiendra sans doute à honneur de s'y associer. Il ne voudra pas retarder
davantage un progrès impatiemment attendu, ni faire obstacle à ce
qu'à la rentrée des Facultés de droit, en 1889, il devienne un fait ac-
compli.

Pendant que les Facultés de droit, depuis le 13 janvier dernier, dé-
libéraient, au cours de cette grave enquête, ouverte sur leur avenir
même, divers appels ont été adressés à l'opinion publique. Maintenant
que l'enquête s'achève et que les Facultés formulent leurs avis, avec
l'entière indépendance qui toujours caractérise aussi bien leurs rapports entre elles que leurs rapports avec l'administration de l'Instruction publique, nous croyons devoir aussi chercher à éclairer l'opinion
sur la nature et la portée de la réforme proposée. Nous ferons d'abord
connaître la réforme projetée. Nous montrerons ensuite qu'elle ne dé-
passe en rien les limites du domaine scientifique rationnel et légal des
Facultés de droit.

Tel est le double objet de la division de cette étude en deux parties.

I.

Réforme proposée par la circulaire ministérielle du 12 janvier 1889.

La circulaire du Ministre de l'instruction publique a nettement in-
diqué, dès ses premières lignes, la question dont il désire avec raison
la solution si longtemps attendue.

« Monsieur le Recteur, j'ai l'honneur de vous transmettre, pour être soumis à l'examen de la Faculté de droit, un projet d'organisation de la licence en droit, élaboré, à ma demande, par la Faculté de Paris. On s'est proposé, dans ce projet, tout en maintenant l'unité du grade, et sans diviser chaque Faculté en sections parallèles, d'apporter dans les études juridiques plus de richesse, de variété et de souplesse, et de les mieux adapter à la diversité de leurs destinations. »

Et plus loin : « La licence en droit, l'économie politique exceptée, semble avoir été considérée surtout comme une préparation professionnelle au barreau et à la magistrature. Là est sans doute une de ses fonctions essentielles ; mais ce n'est pas la seule : il ne faut pas oublier que parmi nos licenciés en droit un très grand nombre ne se destine ni à la magistrature, ni au barreau, mais aux *fonctions administratives* et *politiques* et aux *carrières commerciales* et *industrielles*.

« On l'a compris depuis longtemps déjà à l'étranger, et l'enseignement des Facultés de jurisprudence y a pris un développement qu'il est loin de présenter en France. »

En prenant pour point de départ ces données, dont l'exactitude, au point de vue des faits, n'est pas contestable, le projet délibéré par la Faculté de droit de Paris et accepté par le ministre laisse intact le régime actuel de la licence en droit pour tous les jeunes gens qui se destinent aux carrières judiciaires, futurs magistrats, avocats, avoués, etc., et en réalité pour tous les jeunes gens qui le préféreront.

Ce point capital du projet doit être bien remarqué. Au point de vue des études judiciaires, il n'y a point en réalité de réforme proposée. L'enseignement y demeurera ce qu'il est actuellement. Les simples déplacements d'enseignements reportés d'une année d'études dans une autre, indiqués par la circulaire ministérielle, en ce qui concerne les cours de droit administratif, de droit criminel et d'économie politique, ne constituent à aucun titre une réforme, puisque ces enseignements y conservent la même durée.

L'introduction d'un cours semestriel de droit constitutionnel en première année constituera certainement une amélioration notable, même pour les études judiciaires ; mais elle n'a nullement le caractère d'une réforme du régime de la licence en droit. Dans l'organisation actuelle, cet enseignement est compris dans le programme des cours de droit administratif. Ce programme officiel, très bien composé suivant nous, dispose que le professeur de droit administratif, dans ce cours de licence, donnera des *notions approfondies* « sur le principe de la séparation des *pouvoirs publics* ». Ces mêmes mots servent d'intitulé aux lois constitutionnelles du 25 février 1875, *relative à l'organisation des pouvoirs publics*, et du 16 juillet 1875, *sur les rapports des pouvoirs publics*. Rien n'est plus logique que d'avoir lié ainsi, par le programme universitaire, et dans les études de licence, ces deux branches du droit public, le droit constitutionnel et le droit administratif. Il est utile pour le bien de la science et de l'enseignement, par des motifs trop nombreux pour être déduits ici, que dans la licence, le même professeur les enseigne l'un et l'autre. Mais il est trop à l'étroit dans les limites d'une année, et son enseignement y gagnera beaucoup par l'adjonction de ce semestre supplémentaire. Néanmoins c'est une amélioration qui ne constitue point une réforme.

Il en est de même de la réduction, au moins pour la plupart des Facultés, du cours d'histoire générale du droit français à un semestre. La réduction est plus apparente que réelle, les cours d'histoire du droit ne donnent actuellement lieu qu'à deux leçons par semaine. Cette limitation a sa raison d'être pour des cours de doctorat dont le sujet varie chaque année et impose au professeur un travail toujours nouveau pour traiter chaque année un sujet différent. Elle se comprenait aussi lors de l'introduction première de ces cours dans les études de licence. Désormais tous les cours de licence se renouvelant chaque année sur les mêmes bases (bien que dans aucun cours le programme n'empêche les recherches et les données personnelles et variables d'une année à l'autre), ils semblent devoir être soumis indistinctement à la même règle pour le nombre des leçons à faire par chaque professeur. Elle est dans les Facultés de droit de trois leçons par semaine pour la licence. Nos collègues chargés des cours d'histoire générale du droit français, comme les professeurs chargés du cours de droit constitutionnel dans le second semestre, seront les premiers à réclamer l'application de cette règle commune, afin de ne pas même laisser l'apparence d'un prétexte à un argument déjà produit contre les changements proposés. Le premier semestre attribué par la circulaire à l'histoire générale du droit français, avec trois leçons par semaine, présentera donc un effectif de leçons qui différera peu du nombre actuel, surtout si l'on considère que l'histoire des constitutions ne sera plus de son domaine.

Nous sommes donc autorisé à dire que le projet dont il s'agit n'apporte absolument aucune réforme à l'organisation de la licence en droit en ce qui concerne les études judiciaires. Tous les jeunes gens qui se destinent aux carrières judiciaires, et, d'une manière générale, tous les étudiants et toutes les familles qui préféreront ce régime et cet ordre d'études, continueront à y trouver tout ce qu'ils y trouvent aujourd'hui, notamment l'année entière de procédure civile, l'année entière de droit criminel, et les deux années consécutives de droit romain (sauf une répartition de programme différente, acceptée par les romanistes), et *tout ce qui la constitue* dans son état actuel.

La génération actuelle du Palais a reçu à la Faculté de droit, même au point de vue des études purement judiciaires, beaucoup plus d'enseignements que n'en avait eu la génération qui l'a précédée. De même, le projet proposé, dans le même ordre d'études, assure à l'instruction juridique des fils tout ce dont ont profité leurs pères, avec quelque chose de plus.

Voilà donc un premier point bien établi ; il est fondamental. La licence en droit reste ce qu'elle est, avec des améliorations, et sans aucune suppression ou diminution d'enseignement, pour les étudiants qui se destinent aux carrières judiciaires et pour tous ceux qui préféreront ce régime.

Mais, comme le dit la circulaire, « il ne faut pas oublier que parmi nos licenciés en droit, *un très grand nombre* ne se destine ni à la magistrature ni au barreau ».

Dès la création des Facultés de droit par la loi du 22 ventôse an XII, le législateur a bien pensé à quelques-uns d'entre eux. Il l'a dit du moins en ce qui concerne ceux qui se destinent aux carrières administratives ; seulement ses moyens d'exécution n'ont pas répondu à la volonté qu'il exprimait. Il a créé pour la licence en droit un type excellent, mais qu'il a eu le tort de considérer comme suffisant à tout. Peut-être en réalité y suffisait-il au temps qui l'a vu naître. Mais avec les années, il est certainement devenu insuffisant. Il a le sort des lois elles-mêmes qui ne devancent pas, mais suivent l'état des sociétés, et doivent se transformer avec elles, à mesure que les révolutions s'accomplissent dans les éléments de la richesse, dans les conditions du travail, de l'industrie, du commerce, des conditions sociales, de l'administration et du gouvernement du pays.

Comment la licence en droit resterait-elle immobile, dans son vieux cadre, au milieu de telles transformations ? N'est-ce pas lui rendre un respectueux hommage, que de la maintenir intacte avec les améliorations successives dont les pouvoirs publics l'ont dotée, en ce qui concerne les carrières judiciaires et tous ceux qui la préféreront? N'est-ce pas lui rendre un hommage plus grand encore que de reprendre ce vieux cadre, dans son état primitif de 1804, pour l'adapter à d'autres vocations, à d'autres besoins, pour ceux qui veulent suivre d'autres voies?

Or, c'est ce que fait le projet adopté par le Ministre.

C'est la licence judiciaire de 1804, qui est la base de cette licence en droit réformée, qu'il s'agit de mettre à la disposition des jeunes gens et de leurs familles. A tout bien considérer, le projet de réforme, bien loin d'être révolutionnaire, pourrait encourir un reproche différent, puisqu'il a son point de départ et sa base dans la licence en droit telle qu'elle a été constituée en 1804, sans en rien retrancher. C'est toute cette licence judiciaire de 1804 que la rédaction ingénieuse de la Faculté de droit de Paris et de son éminent rapporteur[1] a combinée avec l'enseignement des sciences politiques et administratives.

Aussi l'esprit de conservation des bases fondamentales des études juridiques s'y marie à l'esprit d'innovation. Ce projet a l'heureuse fortune de concilier la tradition et le progrès. C'est là son caractère distinctif. Sans manquer à personne, et au plus grand honneur de tous, nous pouvons bien dire que c'est grâce à cette union salutaire que ce système a mérité à la fois le vote de la Faculté de droit de Paris et l'adhésion motivée de M. le ministre Lockroy.

C'est ce qui lui vaudra aussi, nous l'espérons, le concours des autres bonnes volontés nécessaires ou utiles, pour son adoption définitive, et, dans la période d'application, pour assurer son succès.

Maintenant que nous avons fait connaître l'objet et la nature de la réforme, nous allons montrer comment les principes ci-dessus posés sont mis en œuvre dans ce système adopté par le Ministre.

La loi de fondation des Facultés de droit du 22 ventôse an XII (13 mars 1804) organisait pour la licence en droit trois années de droit civil, une année de droit romain, une année de procédure civile et de droit criminel réunis. Voilà la licence en droit de 1804; au total cinq cours d'une année chacun, tous d'ordre judiciaire.

---

1. M. Bufnoir, professeur de Code civil, assesseur du doyen, membre du conseil général des Facultés.

Avec les chaires de droit commercial créées à Paris en 1809, et dans les Facultés des départements de 1822 à 1832, et celles de droit administratif, créées à Paris en 1819 (supprimée en 1822 et rétablie en 1828), et dans les Facultés des départements de 1832 à 1838, tel a été longtemps l'ensemble des enseignements de la licence en droit.

La réforme proposée maintient tout cela pour les études afférentes aux sciences politiques et administratives.

Elle n'enlève, pour y substituer des enseignements de cet ordre, que les parties supplémentaires de droit romain, de procédure civile et de droit criminel, postérieurement ajoutées, depuis 1852 seulement pour le droit romain, depuis 1872 seulement pour la procédure civile et le droit criminel, dans le plus grand nombre des Facultés.

De sorte que ces licenciés en droit auront un enseignement de droit romain (un an) aussi complet que l'ont eu tous les licenciés des Facultés de droit des départements pendant les 50 premières années de ce siècle. Pour la procédure civile et le droit criminel réduits à un semestre chacun, en ce qui concerne les seuls candidats pour les sciences politiques et administratives, il en sera de même, puisque depuis 1804 jusqu'après 1870, dans le plus grand nombre des Facultés de droit, c'était la même chaire qui réunissait l'enseignement de la procédure civile et du droit criminel.

L'année de cours de droit commercial n'est pas plus touchée que les trois années de cours de Code civil. En vue de la réforme, ce cours pourra même être doublé dans certaines Facultés, telles que celle de Paris, d'un cours de droit commercial et maritime comparé.

Le droit administratif et l'économie politique sont maintenus et fortifiés.

C'est la conservation, sur ces données, des enseignements de la licence en droit judiciaire, qui justifie l'attribution du même diplôme de licencié en droit, aux jeunes gens qui se destinent aux carrières d'ordre politique et administratif. C'est dans ce fonds commun, essentiel et primordial, qu'est la raison d'être de l'unité de diplôme, malgré la variété partielle des enseignements.

Les licenciés qui auront opté pour la prépondérance de l'élément politique et administratif dans leurs études, auront cependant justifié dans leurs épreuves de toutes les connaissances d'ordre judiciaire exigées des licenciés en droit par la loi de création de la licence en droit et pendant la plus grande partie de ce siècle, jusqu'aux époques ci-dessus indiquées. Comment leur refuser sans injustice le diplôme et les prérogatives de la licence en droit? Serait-ce parce qu'ils auront en outre justifié de connaissances plus complètes sur le droit administratif et de connaissances nouvelles sur la science financière, le droit des gens, la législation coloniale, etc. ? Ce refus ne serait ni équitable ni judicieux.

Voilà pourquoi, dans ce système, la diversité de certains enseignements, avec un fonds commun considérable, n'entraîne ni sectionnement ou bifurcation, ni dualité de diplômes, ni création de diplôme nouveau. Une mention sur le diplôme de chaque licencié en droit suffira : *études judiciaires* sur les uns, *sciences politiques et administratives* sur les autres.

À la rigueur, sans doute, le système peut se concevoir sans cette mention. Mais nous pensons que la Faculté de droit de Paris a insisté avec raison pour l'insertion de cette mention sur le diplôme de licencié en droit. Nous regretterions vivement qu'elle lui fût refusée.

Elle peut être, elle sera certainement utile aux jeunes gens au point de vue professionnel, et ne leur nuira jamais, puisque le principe même de l'unité de diplôme assure à tous les mêmes prérogatives. Le fonds commun des études de licence leur y donne droit, mais la mention est utile pour indiquer la partie dominante de chaque catégorie d'études. Elle suffit.

L'on évite ainsi toute épreuve d'alternance, prolongeant au delà de trois années les études de la licence dans les Facultés de droit. On évite aussi aux jeunes gens et à leurs familles des regrets inévitables, en présence de deux diplômes distincts, de n'avoir pas recherché celui dont ils se trouveraient à un moment donné avoir le plus besoin. On évite aussi d'avoir à solliciter des pouvoirs publics la détermination toujours délicate des prérogatives attachées à un nouveau diplôme. D'ailleurs si, comme nous l'avons établi, le fonds commun justifie l'unité de diplôme, la dualité de diplômes mènerait logiquement au rejet du fonds commun, ce qui donnerait à la réforme un caractère de radicalisme excessif.

Au contraire, la réforme, dans les termes de la proposition, n'est pas seulement en harmonie avec les besoins de la société contemporaine, elle tient compte de toutes les exigences de la science du droit. Elle a de plus le mérite d'être d'une grande simplicité et d'une remarquable facilité d'application.

Le tableau suivant, par nous simplifié, en fait saisir tous les éléments :

PREMIÈRE ANNÉE

(ne comprenant que des cours communs).

1. Code civil.
2. Droit romain.
3. Économie politique.
4. { Histoire générale du droit français (1er semestre).
   { Droit constitutionnel (2e semestre).

SECONDE ANNÉE.

COURS COMMUNS.

1. Code civil.
2. Droit administratif.

Études judiciaires.

3. Droit romain.
4. Procédure civile.

Sciences politiques et administratives.

3. Science et législation financières.
4. { Procédure civile (1er semestre).
   { Droit criminel (2e semestre).

TROISIÈME ANNÉE.

COURS COMMUNS.

1. Code civil.
2. Droit commercial (sauf pour les Facultés qui le posséderont, l'option avec un cours de droit commercial et maritime comparé).

Études judiciaires.

3. Droit criminel.
4. Droit international privé (avec notions générales de droit international public).

Sciences politiques et administratives.

3. { Droit des gens général (1er semestre).
   { Droit administratif approfondi (2e semestre).
4. { Législation coloniale (1er semestre).
   { Législation industrielle (2e semestre).

On voit que l'économie du projet a pour base le maintien de quatre cours par année pour tous les étudiants. L'expérience démontre que l'on ne peut utilement leur en donner davantage. Le rapport de M. Bufnoir le constate et la circulaire le répète après lui : « Pour les élèves qui travaillent, les programmes de licence contiennent le maximum de ce qu'ils peuvent embrasser avec fruit dans la durée actuelle de la scolarité. »

Mais nous considérons qu'il est dans l'esprit de la réforme que tous les cours de licence indistinctement comprennent désormais, suivant la règle générale plus haut rappelée, trois leçons par semaine. Cela nous paraît indispensable pour tous.

À cette condition seulement les cours semestriels auront toute leur efficacité. Une critique quelque peu systématique de la circulaire du 12 janvier a signalé, à titre de « dispositions contestables », dans un projet où rien n'a trouvé grâce devant elle, ce qu'elle appelle « l'émiettement partiel de l'enseignement en demi-cours ». Elle ignore sans doute l'importante place que ces prétendus « demi-cours » (on pourrait même dire « tiers ou quarts de cours », s'il nous convenait de suivre un ordre d'idées qui n'est pas le nôtre) occupent, par semestres ou trimestres, dans l'organisation d'une importante école libre d'enseignement supérieur, dont le représentant le plus autorisé fait contre le projet de réforme une active campagne. Du reste, les établissements universitaires ont depuis longtemps la pratique des cours semestriels, et pour les Facultés de droit elles-mêmes ils ne seront pas une nouveauté. Il est de toute évidence qu'il y a des enseignements qui peuvent recevoir dans toutes les Écoles l'étendue nécessaire en moins d'une année, soit au point de vue de leur objet, soit au point de vue des visées de l'auditoire auquel ils sont destinés. Avec les cours semestriels de trois leçons par semaine, représentant en moyenne un effectif de quarante à quarante-cinq leçons, si les expressions d' « émiettement » et de « demi-cours » étaient de mise quelque part (ce que nous ne croyons pas), ce ne serait certes pas dans l'organisation nouvelle de la licence en droit au sein de nos Facultés.

Ce n'est pas du reste pour répondre aux critiques, que nous parlons ici des cours de licence tous portés à trois leçons par semaine. En soutenant ce projet de réforme dans les délibérations de la Faculté, nous avons émis dès lors cette idée, sans qu'elle ait suscité de contradiction. En ce qui nous concerne personnellement, les trois leçons par semaine nous paraissent absolument indispensables pour le cours de droit administratif approfondi, à option, proposé pour les étudiants ès sciences politiques et administratives de la 3e année. En ce qui concerne la Faculté de Paris, le rapport de M. Bufnoir dit excellemment :

« Nos deux professeurs de droit administratif pourvoiraient sans peine, en conduisant, chacun à son tour, les élèves de la 1re à la 3e année, à l'enseignement du droit constitutionnel, du droit administratif général et du nouveau cours semestriel de droit administratif de 3e année, qui continuerait également d'ailleurs à s'adresser en même temps aux élèves du doctorat. » La répartition des matières sera facile, en laissant dans le cours de droit administratif général, placé désormais en seconde année, l'ensemble des matières du programme actuel des cours de droit administratif pour la licence, moins l'étude du principe de « la séparation des pouvoirs publics », législatif et exécutif, reportée à la première année, et celle des « autorisations » qui serait reportée à la 3e année, et comprend surtout l'étude approfondie du régime légal des personnes civiles, établissements publics et établissements d'utilité publique. Ce vaste sujet que les cours de licence ne peuvent qu'effleurer, est parfaitement approprié à la destination du nouveau cours de droit administratif, sans répétition avec le cours précédent, et sans rien lui enlever d'essentiel. La connaissance des questions d'organisation et l'étude des principes fondamentaux (tels que celui de la séparation de l'autorité administrative et de l'autorité judiciaire, auquel se rattachent la détermination des compétences et le contentieux administratif, inséparable de chaque branche de ce droit) sont en effet aussi indispensables aux études d'ordre judiciaire qu'à celles d'ordre politique et administratif, et doivent rester dans le cours également destiné à tous les aspirants à la licence en droit. Mais dans cette alternance des deux professeurs de droit administratif, si profitable à la science et à la jeunesse studieuse, chacun d'eux aura un égal besoin, pour remplir sa tâche, de trois leçons par semaine, en première et en troisième année, comme en seconde année.

Il nous paraît devoir en être ainsi de tous les cours semestriels, et même de tous les cours annuels placés dans la licence et désormais soumis à un programme dont les bases devront être identiques chaque année.

Avec cette leçon de plus par semaine, le professeur d'économie politique pourra faire notamment une place importante, dans ses leçons, à la colonisation qui est dans son domaine. Il évitera ainsi, soit la création de cours d'économie coloniale spéciaux (c'est un amendement que nous nous permettons de proposer, et qui aurait en outre l'avantage de n'établir l'option qu'entre les deux ordres d'enseignement), soit la surcharge du professeur de législation coloniale. Celui-ci saura bien, dans son cours semestriel de trois leçons par semaine, donner entière satisfaction, même en y mêlant quelques notions d'économie coloniale, à tous ceux qu'intéresse le grand mouvement colonial du temps où nous vivons, et aux réclamations qu'avait adressées le Ministre de la marine à son collègue de l'instruction publique pour obtenir cette utile création dans les Facultés de droit.

En ce qui concerne le cours de science et législation financières, les trois leçons par semaine seront indispensables pour l'explication, chaque année, de l'ensemble de la législation positive de notre pays en matière de finances, sans préjudice de l'examen des problèmes économiques que cette législation soulève.

Ce serait donc une grave erreur que de croire que, dans cette réforme, des étudiants plus soucieux d'obtenir un diplôme avec moins de travail que de s'instruire, pourraient aller dans ce but vers les nouvelles voies de la licence en droit. L'enseignement ne sera pas moins chargé de ce côté que de l'autre; il y aura égalité dans le nombre des cours, dans le nombre des leçons, dans la répartition des matières d'examen, en un mot dans le travail imposé pour l'obtention du même diplôme, à l'aide d'études identiques en partie, et en partie différentes.

Ces différences sont réclamées par le double intérêt du pays et des jeunes gens.

Puisqu'il est certain qu'un grand nombre des étudiants des Facultés de droit n'ambitionnent pas les carrières judiciaires, mais des carrières toutes différentes, n'est-ce pas l'intérêt de l'État de leur donner dans ces mêmes Facultés l'enseignement d'ordre politique et administratif plus développé dont ils ont besoin? Nous dirons plus loin que ce n'est pas seulement l'intérêt de l'État, que c'est son devoir absolu vis-à-vis des jeunes gens et de leurs familles.

Dans un pays où nul n'est censé ignorer la loi, les lois de droit public comme les lois de droit privé, l'État ne doit-il pas à ceux appelés de ce côté par leur vocation désintéressée ou les aspirations de leur avenir, de les mettre à même, pendant les trois années de leur licence en droit, d'acquérir dans l'ordre des sciences politiques et administratives des connaissances égales, en étendue et en importance, à celles offertes par nos Facultés au point de vue des études judiciaires?

Par rapport à tous ces jeunes gens et à leurs familles, la différence partielle des enseignements et programmes de la licence en droit est une question de justice.

Les uns auront besoin de ces connaissances pour aborder des carrières administratives, de plus en plus diverses et nombreuses, soit dans la métropole, soit dans les colonies. Pour d'autres, le commerce et l'industrie les attirent. Un grand nombre veulent seulement être des citoyens éclairés ; beaucoup ne songent pas à tirer parti de leurs diplômes, mais cherchent à la Faculté de droit un complément d'instruction. D'autres y auront puisé de mieux remplir au Parlement, ou dans les administrations départementales ou seulement dans les administrations municipales, la mission qu'ils pourront tenir des libres suffrages de leurs concitoyens.

Pour ces derniers, on a dit que c'était réformer la licence en droit pour bien peu de chose. Nous ne sommes pas de cet avis. Il nous semble désirable de voir des fonctions électives, même modestes, briguées et occupées par des citoyens bien préparés à les remplir, non seulement par l'étude du droit privé, mais aussi par celle des sciences politiques et administratives enseignées sur les divers points du territoire, dans toutes les Facultés et pour tous, comme il doit être fait dans une société démocratique.

En ce qui concerne des fonctions d'un ordre supérieur, on reproche à la réforme de n'être pas conçue sur des bases suffisantes pour faire des législateurs et des diplomates. Cette prétention n'est point la nôtre. Suivant nous, elle ne serait à sa place, ni dans les Facultés de droit, ni dans aucune maison d'enseignement. Nous ne devons pas non plus avoir et nous n'avons pas la prétention de faire des administrateurs. La science ne suffit pas pour faire un législateur, un diplomate, un administrateur, et la licence en droit, comme tous les diplômes, ne constatera jamais qu'une certaine somme de connaissances acquises, que des aptitudes purement scientifiques. D'autres sont nécessaires ; elles ne sont pas du domaine de l'enseignement scientifique.

Il n'en est pas autrement, du reste, pour les futurs magistrats de l'ordre judiciaire, les avocats, les avoués, les notaires. C'est pourquoi les règles relatives au stage ou à la cléricature, — règles qui sous d'autres noms et d'autres formes se retrouvent au début des carrières administratives, — ont été instituées pour chaque profession ou fonction de cet ordre. Ce caractère purement scientifique du diplôme délivré à ces futurs magistrats, avocats, avoués, notaires, n'a cependant pas dispensé l'autorité universitaire de l'obligation de leur donner dans l'organisation de la licence en droit un enseignement approprié aux carrières auxquelles ils se préparent.

Le même devoir s'impose au ministère de l'instruction publique en ce qui concerne les licenciés qui n'ambitionnent aucune de ces carrières judiciaires. Pour toutes ces vocations, ces destinations, ces situations, ces convenances que nous avons indiquées, et qui sont si parfaitement distinctes des carrières judiciaires, l'État ne doit pas faire moins. Il n'est pas juste de continuer à imposer à des milliers de licenciés en droit les développements donnés depuis 1850 et même depuis 1870 à des enseignements créés en vue des carrières judiciaires, et de se refuser à les remplacer pour eux par des enseignements d'ordre politique et administratif, plus utiles à leur avenir et dont la connaissance leur est indispensable.

Voilà l'œuvre de justice et d'égalité que cette très nombreuse partie de la jeunesse française a le droit d'obtenir dans l'organisation de la licence en droit, et que réalise, sans rien enlever à ce qui est dû à l'autre partie de la population scolaire, la réforme proposée.

A ce premier point de vue, c'est donc un devoir pour l'État de l'accomplir, et il n'y a plus de temps à perdre.

Nous allons montrer, dans la partie suivante de cette étude, qu'à un autre point de vue, le devoir de l'État de l'accomplir dans les Facultés de droit et dans la licence en droit, n'est ni moins certain ni moins urgent.

II.

Du domaine rationnel des Facultés de droit au point de vue des sciences politiques et administratives.

L'éminent directeur de l'École libre des sciences politiques, dans une série d'articles [1] distribués en brochures, a successivement contesté, depuis dix ans, la compétence de l'État lui-même et celle des Facultés de droit, au point de vue de l'enseignement des sciences politiques et administratives.

La première de ces deux thèses, revendiquant formellement pour le

---

1. *Revue internationale de l'enseignement* des 15 mars 1881, 15 mai 1881, 15 mars 1883.

seul enseignement libre[1] à l'exclusion de tout établissement de l'État, l'enseignement des sciences, cependant appelées « sciences d'État », fut soutenue à l'occasion d'une proposition de loi soumise au Sénat dès 1876. Cette proposition, de MM. Carnot, Charton et autres sénateurs, tendant à la création d'une École d'administration, avait été suivie d'un contre-projet présenté par M. de Parieu réclamant la création d'un doctorat ès sciences politiques et administratives dans les Facultés de droit. Cette fière revendication pour l'enseignement libre à l'exclusion de l'État, fut promptement abandonnée. Nul n'a perdu le souvenir d'un projet de loi présenté à la Chambre des députés, puis retiré, qui, sous forme de donation proposée et acceptée, contenait le plus éclatant et le plus complet hommage rendu au droit incontestable de l'État et à ses aptitudes en pareille matière.

La seconde thèse n'est en réalité qu'une variante de la première. Son caractère excessif, moins apparent peut-être, n'est pas moindre. S'il était vrai que les sciences politiques et administratives n'appartiennent pas au domaine rationnel des Facultés de droit, on se trouverait en effet en présence du dilemme suivant : ou l'enseignement libre doit en avoir le monopole, ou l'État, s'il ne veut le lui laisser, doit créer ou *acquérir* un sixième ordre de Facultés ; et, en attendant, l'enseignement libre conserverait son monopole.

La différence entre les deux thèses est donc plus dans la forme que

---

1. « L'État est un grand personnage dont tous les mouvements sont surveillés, dont tous les actes suscitent des critiques et donnent lieu à des responsabilités. On veut qu'il fasse tout, et d'autre part on n'a pas assez d'yeux pour trouver du mal dans tout ce qu'il fait. Ce ne sera jamais sans quelque inconvénient qu'il couvrira de son nom un enseignement qui touche à la politique. Il sera forcé, pour ne pas soulever d'orages, de circonscrire cet enseignement, de le gêner tant soit peu, de lui interdire certaines matières... de lui imposer les ménagements, les réticences, les euphémismes... Quel enseignement pourrait se soumettre à tant de précautions sans être appauvri et énervé ? »

La conclusion est que les sciences d'État ne peuvent être convenablement enseignées que dans une école libre, « indépendante du Gouvernement, seule responsable de la direction donnée à ses cours, maîtresse d'aborder tous les sujets, à la seule condition de les traiter avec convenance et mesure ; plus libre que les fondations officielles pour essayer des perfectionnements et plus prompte à les accomplir, elle donnerait naissance à des œuvres animées d'une vie puissante et progressive. » (*Revue internationale de l'enseignement*, 1881, t. I, p. 217, 248, 249 ; *Observations sur l'enseignement des sciences politiques et administratives, présentées par M. Boutmy, directeur de l'École libre des sciences politiques et administratives, à l'occasion de la proposition de l'honorable M. Carnot tendant à la création d'une École d'administration*, brochure in-4° distribuée au Sénat, pages 6 et 7.)

dans le fond des idées. L'exclusion des Facultés de droit de l'enseignement des sciences politiques et administratives serait, en fait, la consécration du monopole de l'enseignement libre, jusqu'au jour de la création ou de l'acquisition déjà tentée.

C'est donc toujours l'enseignement libre ne se contentant pas de la liberté, mais prétendant au monopole des sciences d'État, sauf accord entre l'État et lui, stipulant de puissance à puissance.

Il y a plus. Les conséquences pratiques de la thèse soutenue contre les Facultés de droit et la prétention d'empêcher non seulement la réforme de la licence en droit aujourd'hui proposée, comme celles qui l'étaient en 1878, et toute réforme sérieuse dans les Facultés de droit, au point de vue des sciences politiques et administratives, n'atteignent pas seulement les Facultés de droit de l'État, elles atteignent du même coup les Facultés de droit libres. Leur compétence est aussi bien déniée que la nôtre pour l'enseignement des sciences politiques et administratives. De sorte que la seconde thèse a quelque chose de plus radical encore que la première. L'anathème lancé contre les Facultés de droit atteignant les Facultés libres comme les autres, il en résulterait, et il en résulte effectivement aujourd'hui, non seulement le monopole de l'enseignement libre contre l'État, mais, en fait, le monopole d'un enseignement libre unique, à l'exclusion de tout autre.

Seuls, l'amour de la science et le bien de l'enseignement inspirent cette résistance persistante à toute proposition de réforme sérieuse dans les Facultés de droit. On aurait tort de supposer une lutte d'un intérêt privé contre l'intérêt public. Nous oserions même penser que la conséquence pratique de la thèse soutenue n'est pas sans inspirer des regrets à un esprit libéral, condamné par ses convictions à lutter contre des réformes dont le rejet a pour résultat effectif d'empêcher tout établissement d'enseignement supérieur, public ou privé, sauf un seul, de donner l'enseignement développé des sciences politiques et administratives.

Cette réalité ne doit pas être laissée dans l'ombre. Il n'est pas possible d'en faire abstraction dans l'examen du problème à résoudre. L'administration, le Gouvernement, les Conseils de l'enseignement ne le peuvent ; les hommes d'études ne le peuvent pas davantage.

C'est donc un devoir que nous remplissons, sans méconnaître les mérites et les services, sans cesser de rendre hommage au caractère et au talent, en appelant l'attention sur ce résultat de tous les rejets ou ajournements de réforme.

Ce résultat, c'est le monopole de fait de l'enseignement développé *des sciences politiques et administratives, dans une unique école libre d'enseignement supérieur, pour la France entière, à l'exclusion des Facultés de droit de l'État, des Facultés de droit libres, et en réalité de tout autre établissement public ou libre, tant à Paris que dans les départements.*

Telle est la réalité, manifeste, éclatante. L'abandon des diverses propositions de réforme de 1878 l'a prolongée de dix années. Est-il *possible d'augmenter la durée d'une telle situation, de lui laisser franchir encore l'année même de 1889,* alors qu'il se produit un projet à la fois accepté par les Facultés de droit et le Gouvernement?

Cette circonstance est à la fois nouvelle et déterminante. Les préférences de chacun deviennent secondaires et disparaissent devant ce fait capital de l'union sur le principe d'une réforme, et même sur une base donnée, malgré des dissidences secondaires, du sentiment des Facultés et de l'opinion du Gouvernement.

Comment, en présence de cet heureux rapprochement de volontés (bien qu'il n'exclue pas les nuances et les préférences), le *statu quo* serait-il encore une fois maintenu?

Comment le serait-il en raison de l'opposition faite au nom de l'unique établissement d'enseignement supérieur libre intéressé à son *maintien, c'est-à-dire à celui de son monopole de fait?* Rien ne presse [1], disait-on déjà au sujet des propositions de 1878. N'est-ce pas le même langage que l'on entend encore aujourd'hui au sujet du nouveau projet, et qu'il est dans les destinées de tout monopole de fait de tenir, pour se conserver, en attendant sa consécration définitive ?

Ni le principe de liberté, ni les besoins intellectuels de la jeunesse française, ni ceux des services publics, ni les intérêts généraux du pays, ni *les droits et les devoirs de l'État ne trouvent satisfaction dans* la prolongation d'une situation semblable. Si l'État doit se montrer respectueux de la liberté d'enseignement supérieur écrite dans la loi,

---

1. « L'opinion qui le presse (l'État) n'est pas tellement impatiente qu'il doive se résigner à faire vite, à tout prix, quelque chose d'imparfait. Elle lui saura gré de prendre un peu plus de temps, s'il le faut, pour traiter le problème dans toute son étendue, pour le résoudre avec largeur et sûreté. » (*Revue intern. de l'enseignement*, 1881, t. I, p. 452.)

il ne doit pas plus abdiquer en fait qu'en droit, devant l'un des établissements que la liberté a produits. Né de la liberté, il en a tous les droits, mais il doit en subir les limites naturelles. L'une d'elles consiste dans ce droit et ce devoir de l'État, de donner à l'enseignement existant dans ses Facultés, tous les développements exigés par l'état de la société et d'y apporter les changements d'organisation qui en sont la conséquence. La bienveillance la plus naturelle et la plus légitime de la part de l'État, ne peut aller jusqu'à prolonger davantage sa propre abstention en présence d'exigences sociales incontestables, et à perpétuer le monopole de fait d'un établissement libre. S'il est une branche de l'enseignement où l'abstention lui soit encore moins permise qu'en toute autre, c'est certainement celle-là. La prétention de l'y condamner en ce qui concerne l'enseignement des sciences qui touchent à l'organisation des sociétés, n'était pas de nature à être longtemps soutenue, et ne le fut pas. Il est incontestable que l'État faillirait à sa mission, s'il s'abstenait dans les progrès à réaliser dans cette branche de l'enseignement. Puisque ce point est certain et maintenu, reconnu par tous, pourquoi tarderait-il encore à résoudre une question pendante depuis si longtemps, et laisserait-il se prolonger une situation qui serait, de sa part, l'abdication de son droit et la violation de son devoir ?

La circulaire ministérielle du 12 janvier 1889 montre que le temps des hésitations est passé. Elles n'ont plus de raison d'être.

L'idée d'une École d'administration à créer ou à recevoir n'est plus en cause. Les retraits des propositions et projets de loi du Sénat et de la Chambre des députés, rappelés ci-dessus, l'ont jugée. Il en est ainsi de l'École ouverte offerte à l'État, comme de l'École d'administration fermée de 1848, malgré l'éclat jeté par une institution qui, dans sa courte carrière, a produit tant d'hommes d'élite.

S'agit-il d'une École d'application ? Nous n'avons pas à nous en occuper. L'État peut en créer soit une seule, soit plusieurs, sans porter aucune atteinte au domaine rationnel des Facultés de droit. Elles n'ont jamais prétendu[1], et ne prétendent nullement à ce rôle parfaite-

---

1. C'est ce qui résulte de tous les rapports publiés pour la défense des réclamations des Facultés de droit, et spécialement des remarquables rapports de MM. Duvergier (29 mai 1878), Beudant (28 mars 1881), et Bufnoir (Rapport au nom de la Section de droit de la Société d'enseignement supérieur, *Revue internationale de l'enseignement* du 15 avril 1881, p. 378 à 398, et Rapport au nom de la Faculté de Droit de Paris du 8 décembre 1888).

ment distinct de leur fonction d'ordre purement scientifique. Nous avons dit qu'il ne perdait pas ce caractère parce qu'il serait aussi bien approprié aux carrières administratives qu'aux carrières judiciaires. Le rôle des Écoles d'administration, comme celui des stages ou des noviciats de tout ordre, est en dehors de leur domaine.

S'agit-il d'une École d'administration d'ordre scientifique, appelée à l'enseignement de diverses branches du droit, constitutionnel, administratif, financier, international, commercial, industriel, maritime, colonial, et de l'économie politique, cette École a sa raison d'être dans l'enseignement libre, en vertu du principe de liberté. Tous les amis de l'enseignement et de la science applaudissent à ses succès, sont reconnaissants de ses services. Mais elle ne peut légitimement prétendre au monopole comme sixième Faculté soit libre, soit d'État. A plus forte raison cette prétention ne peut-elle, en attendant, l'autoriser à faire obstacle à toutes réformes dans les Facultés de droit.

Cette École d'administration ouverte qui serait un établissement de l'État ou une sixième Faculté, est inadmissible pour deux motifs, dont l'un suffit.

Le premier de ces motifs consiste en ce qu'il s'agit d'un établissement unique pour la France tout entière. Or, si cette institution a sa raison d'être, sa nécessité même et sa grandeur pour des écoles fermées qui fournissent directement au recrutement des services publics, de l'armée ou des écoles d'application, comme l'école normale supérieure, l'école polytechnique, l'école Saint-Cyr, l'école navale, etc. (elle a aussi sa raison d'être pour les écoles d'application), il n'en est plus ainsi en ce qui concerne une École d'administration ouverte ou d'ordre scientifique, transformée en établissement de l'État. Ce serait une œuvre de centralisation scolaire, excessive et regrettable. Il ne serait pas bon de concentrer dans une seule école de l'État, instituée à Paris ou ailleurs, les jeunes Français désireux, dans l'intérêt de leur carrière ou seulement d'un complément d'instruction libérale, d'étudier les sciences politiques et administratives. Il n'y a d'équitable, de conforme à l'esprit des institutions démocratiques et aux besoins de notre état social, qu'une solution de la question de l'enseignement des sciences politiques et administratives, qui étende aux divers points du territoire le bienfait de cet enseignement agrandi. Il ne faut pas « enlever aux départements cette partie de l'élite de leur jeunesse. Il convient de la laisser, pour son plus grand bien, en contact avec les intérêts locaux, les hommes et les choses qu'elle ambitionne d'administrer un jour ou de représenter dans les conseils administratifs ou dans les assemblées politiques [1]. » Tel était le langage que nous tenions dans l'enquête provoquée par le Ministre de l'instruction publique, au sein des Facultés de droit, sur les propositions sénatoriales de 1876-1878. Nous tenons encore aujourd'hui le même langage. Une École nationale d'administration unique (qui ne serait pas une école d'application) serait une institution de centralisation excessive, injuste et regrettable.

Ce premier argument n'en subsiste pas moins, parce que l'on ne prétendrait pas maintenir une seule École, mais en faire par les mains de l'État une Faculté spéciale, ayant des similaires dans les grandes villes. Pour donner à l'enseignement par l'État des sciences politiques et administratives l'extension qui lui est due, attendre la solution de ce que l'on appelle la question « des grands centres », c'est subordonner la solution d'une question spéciale et prête à point, à la solution éventuelle d'un problème distinct, des plus délicats et des plus graves, des plus irritants pour les départements menacés, et dont la solution n'est pas proche. C'est par suite ne point donner satisfaction à un besoin urgent et reconnu et, en même temps, proroger indéfiniment, au profit d'un seul établissement libre, le monopole de fait dont nous avons constaté l'existence.

C'est en outre méconnaître les limites rationnelles et légales du domaine scientifique des Facultés de droit. C'est le second motif pour lequel l'idée d'une École nationale d'administration ouverte ne constituant pas une École d'application, et celle de la création de Facultés spéciales doivent être rejetées. C'est le motif qui suffirait à lui seul pour en faire rejeter la proposition en tout état de cause, alors même que la question des « grands centres » pourrait être résolue à bref délai, et que les pouvoirs publics seraient disposés à constituer ces Facultés spéciales dans chacun d'eux. Il en serait de même si le Ministère de l'instruction publique avait les moyens et, par impossible, l'étrange idée de doter demain d'une de ces Facultés d'administration, sous quelque dénomination que ce soit, chacune des Académies possédant une Faculté de droit. Cette autre raison de décider est donc indépendante des consi-

---

1. Extrait de la délibération de la Faculté de droit de Poitiers prise à l'unanimité, au rapport de M. Ducrocq, doyen de la Faculté, le 12 avril 1878.

dérations distinctes, de centralisation et de décentralisation universitaire, que nous présentions *tout à l'heure* et qui demeurent si graves
même en présence d'un établissement d'État éventuel, fatalement
appelé à rester unique bien longtemps, sinon toujours.

Dans notre rapport de 1878 nous faisions aussi à cette seconde
raison de décider la place déterminante qui lui est due. Nous disions
que « les Facultés de droit, qui ont mission de commencer l'initiation
de la jeunesse à l'étude des sciences politiques et administratives, par
la part que font à ces sciences dans la licence en droit les règlements
universitaires, sont naturellement désignées pour donner à ces études
le développement plus complet qui leur est nécessaire ».

Toutes les branches du droit, sans distinction et sans réserve, constituent en effet le domaine scientifique des Facultés de droit. Il comprend par conséquent le droit constitutionnel, le droit administratif
international, financier, industriel, maritime, colonial, etc., *comme
toutes les autres branches du droit*. Ni la dénomination même des
Facultés de droit, ni *les limites naturelles de la science*, ne distinguent
entre le droit privé et le droit public, entre le droit écrit dans des lois,
des traités ou des règlements, et même le droit qui peut n'être écrit
nulle part, entre le droit de la métropole et celui des colonies, entre le
droit national et le droit étranger. Créer sous n'importe quel nom,
soit une, soit plusieurs Facultés spéciales, pour les charger de branches diverses de cette science à rameaux multiples, dont les Facultés
de droit sont déjà chargées, serait de la part de l'État commettre un
double emploi et introduire dans l'enseignement supérieur une cause
de déperdition de forces.

Même sans arracher aux Facultés de droit les chaires dont elles sont
dotées, ce serait porter la main sur leur domaine rationnel que de
développer davantage dans des Facultés voisines des enseignements
dont elles sont en possession et qui sollicitent depuis *longtemps au
milieu d'elles* leur extension. La scission d'ailleurs du droit public et
du droit privé est impossible, sans dommage *considérable et pour l'un
et pour l'autre*. Ce qui est vrai des rapports du droit public et du droit
privé, ne l'est pas moins de tous les aspects et de toutes les variétés du
droit. Toutes ses branches se touchent et se complètent, malgré leurs
caractères distinctifs et les principes qui leur sont propres.

C'est ce que reconnaissait la loi de fondation du 22 ventôse an XII,
lorsque, même avec un nombre de chaires très limité, elle disposait

que les professeurs de Code civil, dans leurs cours de deuxième et de troisième année, devaient enseigner le « droit public français et le droit civil dans ses rapports avec l'administration publique ».

Ainsi le droit public et l'administration sont formellement proclamés par la législation organique de 1804, comme relevant du domaine scientifique et légal des Facultés de droit.

L'exposé des motifs, rédigé par Fourcroy, insiste d'une manière particulière sur la portée de la loi nouvelle, à ce point de vue, sur cette volonté de ses auteurs. « Les lois de l'Administration publique, y est-il dit, ne pouvaient être apprises autrefois nulle part ; elles étaient, en quelque sorte, enfouies ou concentrées dans les bureaux. Ce n'était qu'en administrant immédiatement qu'on pouvait se former à leur connaissance et à leur application. Cette lacune disparaîtra dans les nouveaux établissements. Les jeunes gens apprendront ainsi à lier les connaissances générales du droit avec la législation administrative ; et ceux qui se destinent à cette dernière carrière n'y entreront plus sans les lumières qui doivent y diriger sûrement leurs pas. »

Dans la discussion au Tribunat, le tribun Sédillez s'est exprimé d'une façon plus saisissante encore et bonne à rappeler aujourd'hui :

« S'il est évident que dans ces nouvelles écoles le Gouvernement veut former des magistrats et des jurisconsultes, il ne l'est pas moins qu'il a voulu former aussi des administrateurs, des hommes d'État, des législateurs, fonctions importantes auxquelles on est trop souvent parvenu avant de les avoir apprises, et qui cependant tiennent aussi à des principes certains... Enseigner dans les écoles de droit les principes d'une bonne administration, c'est enseigner une chose utile à tous les citoyens et indispensable à tout homme qui remplit des fonctions publiques ; c'est peut-être la partie ou le développement le plus essentiel du droit public français. »

Enfin l'orateur du Tribunat devant le Corps législatif déclare également que « le droit public serait dans les écoles de droit un des objets *principaux* de l'instruction ».

Si l'on se place au point de vue de l'exécution immédiate en 1804, il est certain que ces déclarations réitérées recèlent des illusions au point de vue des résultats espérés, comparativement à l'insuffisance des moyens et des ressources organisées par la loi. Mais elle posait dans l'enseignement le principe fondamental et fécond de l'union scientifique du droit public et du droit privé dans les Facultés de droit. Si elle ne créait pas encore de chaires spéciales, c'est que la matière faisait défaut, tant au point de vue des professeurs qu'à celui du droit public lui-même. La Révolution française en avait fixé les bases nouvelles en proclamant les principes de 1789 et spécialement ceux de la séparation des pouvoirs et des autorités ; de grandes institutions nouvelles ou imitées des anciennes institutions de la France, mises en harmonie avec les principes de 1789, avaient été créées, mais elles étaient encore trop récentes. Les événements et le temps n'avaient pas encore permis de constituer un corps de doctrine.

Il n'empêche que même dans de telles circonstances l'union de l'enseignement du droit public et du droit privé est solennellement proclamée par le législateur de 1804. Il y a plus : dans les séances d'inauguration des Facultés de droit sous la présidence des délégués du Gouvernement, ce caractère de la loi de 1804 fut soigneusement rappelé.

Nous avons publié il y a longtemps [1] un passage des discours insérés au procès-verbal de la séance d'ouverture de l'École de droit de Poitiers, le 23 juin 1806, sous la présidence de Chabot, de l'Allier, inspecteur général des Facultés de droit, dans lequel ce caractère des nouvelles écoles de droit est soigneusement rappelé. Il y est dit que « non seulement les Écoles de droit doivent être le séminaire de la magistrature et de l'ordre si recommandable des avocats, elles doivent être encore celui des administrateurs..... »

Malgré la pénurie des moyens mis en œuvre par la loi de 1804, c'est ce qui a toujours eu lieu, et les licenciés en droit, depuis le commencement du siècle, n'ont pas moins fourni de candidats aux carrières administratives qu'aux carrières judiciaires.

Du reste, ce serait une erreur de croire que, même avant la création des chaires spéciales de droit administratif, les dispositions si insuffisantes de la législation de l'an XII soient restées lettre morte. La preuve du contraire résulte d'un livre publié dès 1808, sous le titre de *Législation administrative*, par M. Portiez, de l'Oise, professeur de droit civil à la Faculté de droit de Paris, contenant les leçons par lui faites pour se conformer aux prescriptions de la loi du 22 ventôse de l'an XII.

---

1. Éloge de M. Foucart, notre prédécesseur dans la chaire de droit administratif de la Faculté de droit de Poitiers, en tête de notre volume de *Traités des édifices publics, des ventes domaniales et des partages de biens communaux et sectionnaires*, p. xi (1865).

Un décret impérial du 29 août 1809 créa même dans la Faculté de droit de Paris, en même temps que la chaire de droit commercial, une chaire de *Code Napoléon approfondi dans ses rapports avec les autres branches du droit français.*

Cette situation n'était encore, ni suffisante, ni satisfaisante. Il est vrai de dire qu'elle créait une subordination contre nature du droit public au droit privé. Mais il y a longtemps qu'il n'en est plus ainsi ; et c'est à cette chaire spéciale de 1809 que l'Ordonnance royale du 24 mars 1819, due au progrès des idées libérales et à l'esprit supérieur de Royer-Collard, substitua la première chaire de droit administratif de la Faculté de Paris, dont M. de Gérando fut le premier titulaire, et créait en même temps un cours d'économie politique. Le droit public recouvrait ainsi sa pleine indépendance ; tel fut aussi l'effet de l'ordonnance du 19 juin 1828, contresignée par M. de Vatimesnil, et revenant à cet égard sur l'ordonnance de prétérition du 6 septembre 1822. Méconnaître aujourd'hui cette indépendance du droit public dans l'enseignement des Facultés de droit est commettre un étrange anachronisme.

Mais ce qu'il faut retenir de ces constatations, c'est que même dans l'organisation primitive, incomplète et défectueuse des Facultés de droit, et dont nous avons signalé les causes historiques, « le droit public français, l'administration publique, la législation administrative, toutes les branches du droit français », étaient dès lors dans le domaine des Facultés de droit.

Nous avons brièvement rappelé ci-dessus les dates de création des chaires de droit administratif. Nous en avons raconté les détails dès 1863 dans notre éloge de Foucart plus haut rappelé, en montrant la grande part qui revenait à l'enseignement du droit administratif par les Facultés de droit dans la fondation et les développements de cette science.

La polémique dirigée contre la réforme de la licence en droit actuellement proposée, et contre le principe de toute réforme utile dans le sens de l'enseignement des sciences politiques et administratives, nous oblige à y revenir.

Nous sommes pénétré depuis de longues années de la nécessité de réformes de cet ordre ; nous avons été souvent l'organe de la Faculté de droit de Poitiers dans ses fréquentes revendications dans ce sens ; nous avons pris, dans les délibérations approfondies de la Faculté de droit de Paris des mois de novembre et décembre 1888, avec notre savant collègue et camarade du concours d'agrégation de 1859, M. Léveillé[1], une part active à la défense du projet accepté par la circulaire ministérielle du 12 janvier 1889. Cependant, bien qu'ayant très à cœur son succès, nous avions pris le parti de ne pas intervenir de notre côté par la voie de la presse. Nous ne relevions pas le nouvel envoi à nos collègues des Facultés de province (qu'elle ne paraît pas avoir plus convaincus en 1889 qu'antérieurement), de la brochure intitulée : *De l'Institution d'une licence ès sciences politiques et administratives dans les Facultés de droit*, bien qu'elle contienne des lignes où notre habile et courtois adversaire ne craint même pas de nous reprocher de manquer de l'aptitude à l'enseignement des sciences politiques et administratives[2]. Malgré cela, les sentiments devant lesquels tout autre pour nous s'efface entre hommes qui cultivent les mêmes sciences, qui participent, bien que dans des établissements divers, à des enseignements de même ordre, sont l'estime réciproque des talents et des œuvres, la sympathie et la gratitude pour les travaux et les services ; sous l'empire de ces sentiments, la discussion est pénible et les piqûres ne se sentent pas. Le public d'ailleurs juge nos leçons et nos écrits, et par conséquent nos aptitudes.

Mais lorsque nous avons vu l'insistance, et il faut bien le dire, le parti pris avec lequel les services rendus par nos devanciers à l'enseignement du droit public et à la science sont méconnus, cette partie de l'enseignement des Facultés de droit travestie, nous avons reconnu que le silence ne nous était plus permis et que nos trente années d'enseignement de droit public nous obligeaient à protester.

L'article récemment publié[3] sous le titre : *Des Rapports et des limites*

---

1. Voir son intéressant article intitulé : *la Réforme des écoles de droit*, dans le *Temps* du 22 janvier 1889.

2. « Il y a une autre raison pour ne pas placer dans les Facultés de droit l'enseignement développé des sciences politiques : c'est que l'organisation traditionnelle de ces Facultés ne s'y prête pas. Telles sont, par exemple, les conditions particulières dans lesquelles s'opèrent la préparation et le recrutement du corps enseignant. Le doctorat et, à sa suite, l'agrégation en droit composent un apprentissage excellent d'où sortent de subtils dialecticiens et d'admirables professeurs. Mais cet apprentissage est exclusif, absorbant, prolongé (il dure en moyenne six ou sept ans) et si efficace qu'il soit par son propre objet, il exclut nécessairement, sauf pour quelques hommes exceptionnellement doués, toute préparation différente vraiment approfondie. On a même dit, non sans vraisemblance, qu'il tend à créer des habitudes d'esprit peu favorables à certaines études d'un tout autre ordre, comme il y en a parmi les sciences politiques » (p. 9 de la brochure ; p. 454 de la *Revue internationale de l'enseignement*, 1881, t. I).

3. *Revue internationale de l'enseignement* du 15 mars 1889, p. 217 à 238.

des études juridiques et des études politiques, et qui reproduit sous une autre forme ceux de 1881, qualifie successivement la position faite dans les Facultés de droit aux enseignements de droit public, de condition *ancillaire*[1], *complémentaire*[2], *tributaire, subalterne, dépendante*, qui serait telle et devrait rester telle.

Il faut que l'argument paraisse de grande importance à l'appui de la thèse qui prétend barrer le chemin à tout développement effectif des Facultés de droit au point de vue de l'enseignement des sciences politiques et administratives, puisque l'auteur accumule un tel luxe de termes, comme s'il regrettait que notre langue ne lui en fournît pas de plus expressif encore, et que c'est par là qu'il termine ses observations. Nous avons tort de dire qu'il termine ainsi, car il a tenu dans ses dernières lignes à qualifier la « prétendue réforme » par nous désirée, « d'illusion de praticiens courbés sur le résultat positif immédiat, entraînement de dialecticiens engrenés dans leurs syllogismes, et qui n'ont pas encore relevé les yeux vers les perspectives où s'éclaire le haut et le fond de la question[3] ».

Ces lignes (non moins aimables que celles de 1881 relatives aux aptitudes des professeurs des Facultés de droit), répondant aux rapports publiés de MM. Bufnoir, Beudant, Duverger, parlant au nom de leurs collègues, répondant peut-être aussi à l'article de M. Léveillé, et à tous les rapports non publiés, actuels et anciens, des Facultés de droit, donneraient à penser que pour décocher en terminant un trait de ce genre, il faut avoir à soutenir une cause bien mauvaise. Mais ne nous occupons que des arguments.

L'argument mis en relief avec tant de complaisance par l'auteur,

---

1. « Est-il prudent aux Facultés de droit de les relever chez elles, de cette condition *ancillaire ?* Il ne m'appartient pas d'en décider. On a vu des parents pauvres, accueillis avec bonne grâce et invités à prendre leurs aises, élever un peu trop le ton et donner à la fin de l'embarras » (p. 236). — Ceci ne fait-il pas involontairement songer à un établissement libre élevant aussi le ton au point de dire, à peu de chose près, aux établissements de l'État, le « c'est à vous d'en sortir » ?

2. « On ne cessera pas de le considérer (le droit public) comme un simple, utile, nécessaire *complément* des études de droit privé ; on ne dissimulera pas sa condition de *tributaire*; on se gardera de lui conférer, par un grade ou un diplôme spécial, une autorité nominale et une autonomie apparente qu'il ne recevrait que pour les inféoder, pour en user en *subalterne* à l'intérieur des Facultés, en privilégié au dehors, toujours selon l'esprit des études proprement juridiques dont il continuerait de *dépendre* » (p. 238).

3. Page 238 *in fine*.

dans les lignes qui précèdent, pèche par sa base. Il n'est pas exact que l'enseignement du droit public dans les Facultés de droit soit, par rapport à l'enseignement du droit privé, dans la situation *ancillaire, complémentaire, tributaire, subalterne, dépendant*, ci-dessus décrite.

L'enseignement du droit public, bien que trop restreint et ayant besoin à cet égard d'une *réforme*, jouit dans les Facultés de droit d'une indépendance absolue. Bien que trop peu nombreuses, les chaires existantes de droit administratif, de droit constitutionnel, de droit des gens, sont le signe certain de cette indépendance ; et nous en disons autant des chaires d'économie politique et de science financière.

Il ne s'agit pas seulement de l'indépendance personnelle vis-à-vis des puissances de toute sorte ; indépendance qui, dans la limite de la mission du professeur, est l'inséparable et naturelle compagne de la science elle-même, et sans laquelle l'enseignement supérieur n'aurait ni dignité, ni raison d'être.

Nous en disons autant de l'indépendance respective des divers enseignements entre eux. C'est la science qui fixe le rôle de chacun d'eux dans leurs rapports respectifs ; et les leçons du professeur qui, à ce point de vue, ne relèvent que d'elle seule, n'ont point à chercher ailleurs leurs inspirations, quel que soit le milieu dans lequel il remplit sa tâche.

Le droit public y garde le rôle que la science lui assigne ; et il y a longtemps qu'en parlant, ou en écrivant sur ce sujet des rapports respectifs du droit public et du droit privé, nous avons dit[1], en traduisant Bacon, que « le droit privé repose sous la sauvegarde du droit public » et que « le droit public est placé près du droit privé comme le gardien chargé d'en empêcher la violation et d'arrêter les injustices ».

Nous y avons dit aussi l'aphorisme de Rossi[2] : « C'est dans le droit public que se trouvent les têtes de chapitres du droit privé. »

Or tout cela, c'est absolument le contraire de la prétendue condition

---

1. *Cours de droit administratif*, p. 2, et note suivante : « At jus privatum sub tutela juris publici latet (*Exemplum tractatus de justitia universali, sive de fontibus juris, in uno titulo per aphorismos*; Aphorismus III). — Neque tamen jus publicum ad hoc tantum spectat, ut addatur tanquam custos juri privato, ne illud violetur, atque ut cessent injuriæ ; sed extenditur etiam ad religionem, et arma, et disciplinam, et ornamenta, et opes, denique ad omnia circa *bene esse* civitatis » (Aphorismus IV).

2. *Cours de droit constitutionnel*, t. I, p. LVIII.

ancillaire, tribulaire, subalterne, etc., du droit public par rapport au droit privé.

C'est cependant dans une chaire de droit constitutionnel à la Faculté de droit de Paris que Rossi a prononcé ce mot célèbre et posé le principe. C'est aussi dans des chaires de Facultés de droit, à côté d'éminents professeurs de droit privé, que nous avons traduit Bàcon et répété Rossi. Ses disciples et ses contemporains l'ont fait comme lui. Nous avons l'honneur d'avoir pour collègues dans les chaires de droit administratif des Facultés des départements, et même dans les Facultés libres, plusieurs de nos anciens élèves, et nous sommes convaincu qu'ils ne font pas autrement. Y a-t-il même, dans les Facultés de droit de l'État ou libres, un seul professeur de droit administratif, de droit constitutionnel, de droit des gens, pour lequel la prétendue condition *ancillaire,* etc., du droit public par rapport au droit privé, ne soit pas une surprise et comme une révélation ?

Si maintenant, au lieu de parler des disciples de Rossi et de la génération présente, nous passons aux anciens, à ceux qui, comme Rossi pour le droit constitutionnel, ont les premiers enseigné le droit administratif dans les Facultés de droit, que voyons-nous?

Des hommes qui, pour la plupart, ont laissé des ouvrages qui reflètent leurs leçons et qui ont puissamment contribué, avec la jurisprudence du Conseil d'État, à la création même du droit administratif comme science. La formation d'un corps de doctrines était ici plus difficile, non seulement parce que ce droit n'est pas codifié, non seulement parce que les institutions administratives dans leur état actuel sont plus récentes, mais surtout parce que les principes essentiels de ce droit qu'il importe par-dessus tout à l'enseignement de mettre en lumière, tels, par exemple, que la séparation des pouvoirs et des autorités, n'ont, contrairement au droit privé, ni leur formule, ni leurs applications, dans le droit romain ou dans notre droit national antérieur à la Révolution française.

Le service rendu par nos devanciers a donc été considérable. Ils ne l'eussent jamais rendu, si le droit public avait été pour eux ce que l'on dit, s'ils ne l'avaient envisagé et compris dans sa pleine indépendance vis-à-vis le droit privé. Tous les noms de ces maîtres sont bien connus : de Gérando, Macarel, Foucart, Laferrière, Serrigny, Adolphe Chauveau, Trolley, Cabantous, tous professeurs de droit administratif dans les

Facultés de droit de Paris, Poitiers, Rennes, Dijon, Toulouse, Caen et Aix. Tous ont participé à sa constitution et à sa vulgarisation. Sans eux le droit administratif serait-il ce qu'il est aujourd'hui ? Or, leur œuvre est celle des Facultés de droit dans les soixante premières années de ce siècle, au point de vue du droit administratif. En dehors des Facultés de droit, dans cette longue période, nous ne voyons d'auteurs de cet ordre, étrangers aux Facultés de droit, que Cormenin et Vivien.

Les contestations d'aptitude, de compétence, de limites, produites aujourd'hui pour faire obstacle aux développements des Facultés de droit dans l'ordre des sciences politiques et administratives, et les assertions sur la condition *ancillaire* du droit public, les eussent étrangement surpris. Leurs ouvrages, comme leurs leçons, et les services par eux rendus à la science, y ont répondu d'avance.

La plupart de leurs ouvrages traitent du droit constitutionnel en même temps que du droit administratif, et à ce titre Rossi vient se placer à la tête de tous ces savants professeurs de droit public des Facultés de droit. Tous ces noms, tous ces travaux, tous ces services, sont autant de protestations contre ce qui s'écrit en ce moment. Il est utile de n'en pas perdre la mémoire.

Plusieurs ont écrit en outre sur d'autres parties de la science, comme Laferrière sur l'histoire du droit, Chauveau sur la procédure et le droit pénal, Rossi sur le droit pénal également et l'économie politique.

A propos du droit pénal, observons en passant qu'il n'est pas douteux qu'il constitue une branche du droit public. Nos collègues, professeurs titulaires des chaires de droit criminel, anciennes ou nouvelles, le pensent comme nous. Or, si cette branche du droit public appartient, sans contestation possible, et sans le droit d'intervention d'une autre école pour en paralyser les développements, au domaine rationnel des Facultés de droit, pourquoi les autres branches du droit public, soit interne, soit externe, seraient-elles moins absolument *comprises* dans ce domaine ?

Mais il en est ainsi de tout ce qui tient à l'organisation judiciaire. C'est incontestablement une partie du droit public, et les professeurs de procédure civile sont les premiers à le proclamer. Comment donc distinguer, sans arbitraire, au point de vue du domaine rationnel des Facultés de droit, au point de vue de la division du droit, en droit public et droit privé ?

C'est le droit qui se divise ainsi, selon qu'il règle les rapports des individus entre eux, ou les rapports de l'État, soit avec les individus, soit avec les autres États, droit privé, droit public externe ou interne, et le tout forme au même titre, sans distinction ni réserve, le domaine rationnel et exclusif des Facultés de droit.

L'éminent directeur de l'École libre des sciences politiques n'a-t-il pas lui-même rendu hommage à ce que nous appelons le domaine rationnel des Facultés de droit, auquel n'échappe, sinon dans toutes leurs parties, du moins dans leur ensemble, aucun des trois groupes entre lesquels il divise les sciences politiques et administratives? Cet hommage ne résulte-t-il pas du concours par lui sollicité de plusieurs professeurs de la Faculté de droit de Paris, et spécialement (au point de vue du groupe diplomatique) de son savant professeur de droit des gens? Ne résulte-t-il pas aussi de l'appel adressé par lui, pour l'enseignement du droit administratif, au savant professeur de la Faculté de droit catholique de Paris? Qu'il s'agisse d'une Faculté libre ou d'une Faculté de l'État, c'est toujours un hommage rendu aux Facultés de droit, à leur domaine rationnel, à l'utilité pour ces enseignements de professeurs rompus aux études juridiques.

Parmi les anciens professeurs qui ont honoré les Facultés de droit et bien servi la science du droit public, c'est avec intention que nous n'avons pas nommé Batbie, qui, hier encore, était parmi nous, qui était notre contemporain et notre ami. Nul n'oublie le vaste *Traité théorique et pratique de droit public et administratif*, dont il donnait, en 1886, la seconde édition en huit volumes. Nous dirait-on que dans cet ouvrage on verrait une trace de la dépendance prétendue du droit public au droit privé, parce que Batbie avait eu l'idée de transporter dans une partie du droit administratif la division du Code civil. C'était une idée personnelle à Batbie, et qui, malgré son espoir, n'a point fait école. Il nous sera bien permis de rappeler que dès la première édition, en 1861, de notre *Cours*, nous nous expliquions de la manière suivante : « En ce qui concerne le plan général des développements, j'ai cru devoir en chercher les bases dans les entrailles mêmes du droit administratif, et non dans des analogies, plus spécieuses que fondées, puisées dans le droit civil et peu réalisables dans le droit administratif. » Enfin en rendant compte 25 ans plus tard de la seconde édition du grand ouvrage de Batbie [1], nous faisions

---

1. *Revue générale du droit, de la législation et de la jurispr.*, 1886, p. 182 à 189.

la critique de son plan, tout en rendant un juste hommage à ses mérites éminents, qui ne sont nullement ceux d'un civiliste, mais, au
premier chef, d'un auteur de droit public et d'un économiste, dont les
œuvres dans leur ensemble, sont un argument de plus en l'honneur
de l'enseignement du droit public et de l'économie politique dans les
Facultés de droit.

C'est en 1864 qu'il était devenu professeur titulaire, en montant
dans la chaire d'économie politique, créée dans la Faculté de droit
de Paris, grâce à M. Duruy, et qu'il a pu y professer le cours [1], immédiatement publié par lui. Alors entrait dans le domaine de la réalité un
principe posé bien antérieurement par l'ordonnance royale du 24 mars
1819 qui avait créé à la Faculté de droit de Paris un cours d'économie
politique qui ne reçut point de professeur, et qui, comme le cours de
droit administratif de M. de Gérando, fut supprimé, par voie de prétérition, par l'ordonnance du 6 septembre 1822 qui suivit la chute du
ministère Decazes. Nos collègues ont donc eu raison de parler d'une
prise de possession de l'enseignement économique par les Facultés de
droit, ne remontant pas seulement à l'année 1878, époque à laquelle
la mesure fut généralisée. Toute cette intéressante histoire de l'enseignement de l'économie politique a été brillamment racontée par
M. Levasseur [2]. Il ne faut pas oublier non plus, que même en l'absence
de cours officiellement institués, il y a eu dans d'autres Facultés de
droit, dès que la chaire de la Faculté de droit de Paris a été créée,
des leçons d'économie politique [3].

Il y a donc pour les Facultés de droit une longue possession de l'enseignement économique, et la création à la Faculté de droit de Paris

---

1. *Nouveau Cours d'économie politique professé à la Faculté de droit de Paris*
(1864-1865), 2 vol.

2. *Résumé historique de l'enseignement de l'économie politique et de la statistique
en France à l'occasion du quarantième anniversaire de la fondation de la Société
d'économie politique.* (Extrait du *Journal des économistes*, novembre 1882.)

3. Dès 1865, chez Cotillon, libraire-éditeur, nous en avions publié, aujour-
d'hui reproduites dans nos *Études d'histoire financière et monétaire*, p. 97 à 185
(1887). Elles portaient ce titre que nous leur avons conservé : *De la Monnaie au
point de vue de l'économie politique et du droit, et du service monétaire de la
France comparé à celui des principaux États européens;* et l'édition primitive
mentionne qu'il s'agit de leçons faites, en février 1865, *à la Faculté de droit de
Poitiers.* Nous sommes autorisé à dire que dès cette époque, et sans attendre la
création du cours d'économie politique, dont nous ne fûmes, en effet, cumulati-
vement chargé qu'en 1878, les principes de l'économie politique n'ont pas cessé
d'être enseignés dans cette Faculté. Plusieurs autres Facultés de droit peuvent
en dire autant.

d'un cours, puis d'une chaire, de science financière, a déjà commencé le développement de ce que l'on appelle dans l'ordre des sciences politiques et administratives le groupe économique. M. Levasseur, dans son *Résumé historique de l'enseignement de l'économie politique* ci-dessus visé, a, du reste, excellemment rappelé [1] une communication faite, sous le règne de Louis-Philippe, à l'Académie des sciences morales et politiques, pour établir qu' « une École de droit, sans une chaire d'économie politique dont le cours soit obligatoire et dont l'enseignement fasse partie intégrante de l'examen, était une anomalie déplorable que les pouvoirs publics ne sauraient trop se hâter de faire disparaître ».

Est-ce à dire que les Facultés de droit prétendent accaparer l'enseignement économique? Nous sommes heureux, au contraire, comme tous les amis de la science, de la voir se répandre ; et nous verrions avec plaisir que l'on en mît partout. Nous ne pensons même pas autrement en ce qui concerne des leçons de droit et de législation. Mais ce qui nous paraît l'évidence même, c'est que, ni pour l'un, ni pour l'autre, on ne peut créer un sixième ordre de Facultés, qui aurait pour effet de dépouiller les Facultés de droit de diverses parties de leur domaine rationnel, sans lesquelles elles seraient atrophiées, et qu'elles doivent pouvoir développer librement avec le concours de la puissance publique, de manière à donner satisfaction à toutes les exigences de l'intérêt public. Ce qui nous paraît plus inadmissible encore s'il est possible, c'est que sous prétexte d'attendre l'heure à laquelle les pouvoirs publics consentiraient à la création inutile et dangereuse de ces nouveaux établissements d'État, une situation ne correspondant plus depuis longtemps à ces exigences soit perpétuée au seul profit d'un établissement unique libre, mais à qui son opposition à toute réforme des Facultés de droit assurerait, en outre des avantages légitimes de la liberté, ceux, contraires à l'intérêt public, d'un monopole de fait et d'une centralisation absolue.

Voilà ce qui commande, sans nouvelle fin de non-recevoir, sans moyens dilatoires, une solution actuelle.

C'est aussi ce qui nous semble reléguer au second plan, les hésitations ou les dissidences sur le choix du système à suivre dans l'accomplissement de la réforme. Nous considérons comme préférable à tous

---

1. *Loco citato*, p. 21.

le système adopté par la circulaire ministérielle du 12 janvier 1889, avec l'unité du diplôme de licence en droit, et les mentions réclamées par la Faculté de droit de Paris.

Nous le croyons préférable aux systèmes de bifurcation et de dualité de diplômes différents obtenus également après trois années d'études ; la nécessité reconnue d'enseignements communs leur enlève leur raison d'être, et ne laisse subsister que les graves inconvénients des épreuves d'alternances faisant retomber en fait dans les licences superposées.

Nous le préférons aussi à la licence ès sciences politiques et administratives superposée à la licence en droit. Nous l'avons critiquée au sein de la Faculté en ce qu'elle exige ici deux licences au lieu d'une, plus de temps, plus de dépenses, plus de connaissances, plus d'épreuves, pour les jeunes gens qui se destinent aux carrières administratives, que pour ceux qui aspirent aux carrières judiciaires. Cette conséquence non équitable du système est manifeste, et les conditions du noviciat ultérieur, qui ne sont pas du ressort des facultés, et qui du reste, en fait, se retrouvent, sous des formes diverses, à l'entrée de toutes les carrières n'y changent rien. Toutes les supputations d'âges et de chiffres, qui ne tiendraient même pas compte des accidents possibles, même d'examens, n'empêchent non plus que la circulaire ministérielle soit absolument dans le vrai lorsqu'elle considère la prolongation des études de la licence comme inconciliable avec les nécessités du service militaire.

Nous avons donc une préférence non douteuse pour celui des systèmes proposés par la Faculté de droit de Paris auquel le Ministre de l'instruction publique a donné son adhésion, et que nous avons complétement exposé dans la première partie de ce travail. Mais nous n'hésitons pas à dire qu'une solution s'impose et qu'il y aurait péril à discuter des préférences, alors que toutes les Facultés de droit sont d'accord sur la nécessité et l'urgence d'une réforme de la licence en droit au point de vue de l'enseignement des sciences politiques et administratives.

Il résulte de ce qui précède que c'est dans ce sens qu'a été accomplie depuis 1804 une partie des progrès effectivement réalisés dans les Facultés de droit.

Maintes fois aussi il a été reconnu au sein des pouvoirs publics qu'il était nécessaire de faire davantage, et que c'était dans les Facultés de droit qu'il fallait, de la part de l'État, en ce qui concerne les établissements de l'État, donner aux sciences politiques et administratives la place qui leur est due dans l'enseignement public.

Tel était le but de la grande enquête poursuivie au sein des Facultés de droit en 1845 par M. de Salvandy, du rapport au roi du 20 février 1845, justement cité par la circulaire ministérielle du 12 janvier 1889, et du projet de loi déposé à la Chambre des pairs en 1847.

Si la création, par l'arrêté du Gouvernement provisoire du 8 mars 1848, d'une École d'administration fut une déviation de cette idée, elle n'en fut pas moins une conséquence du mouvement précédemment imprimé aux esprits dans le sens du développement par l'État, de l'enseignement politique et administratif. L'histoire de cette École, de ses précédents et de ses suites, a été décrite, tant par son principal fondateur [1], que par un de ses anciens élèves [2], trop qualifiés pour qu'il y ait à y revenir.

Lors du retrait par le Gouvernement du projet de loi présenté par M. de Vaulabelle et amendé par la commission relativement à l'École d'administration, le nouveau projet de loi présenté par le Ministre de l'instruction publique le 22 janvier 1849 (*Moniteur* du 25 janvier 1849) revint au système unanimement réclamé en 1845 par les Facultés de droit, consistant à développer l'enseignement du droit public et administratif dans les études de licence au sein de toutes les Facultés de droit. Ce projet qui contenait l'institution d'une licence en droit public et administratif, présentait de grands rapports avec celui de la licence ès sciences politiques de quatre ans, sans se confondre avec lui. M. le professeur Laferrière, alors inspecteur général des Facultés de droit, en amendant ce projet d'une façon ingénieuse [3], en fit sortir une proposition analogue à la réforme actuellement proposée, mais qui malheureusement n'eut pas plus de suite alors que le projet lui-même.

---

1. *D'une École d'administration*, par M. Carnot, ancien ministre de l'instruction publique, 1847.

2. *De la Préparation aux services publics en France; améliorations dont l'enseignement politique et administratif serait susceptible sous sa forme générale*, par M. Ch. Tranchant, ancien conseiller d'État, 1878. — Voir aussi *Lettres sur l'École d'administration*, par M. Antony Rouillet.

3. *De l'Enseignement administratif dans les Facultés de droit et d'une École spéciale d'administration* (*Revue générale de législation et de jurisprudence*, janvier 1849.)

Plus tard, en 1860, M. Duruy a repris la question de la licence politique et administrative, sous une autre forme, dans un projet adopté par le conseil supérieur de l'instruction publique, où des hommes comme Michel Chevalier s'applaudissaient d'organiser dans les Facultés de droit l'enseignement des sciences politiques, économiques, financières, administratives.

La circulaire ministérielle du 12 janvier 1889 aurait pu constater que le projet de M. Duruy fut formellement adopté, maintenu et défendu au sein du Conseil d'État par son successeur M. Bourbeau[1]. Il ne fut retiré qu'après le vote contraire du Conseil d'État, qui donna la préférence à l'institution d'un doctorat ès sciences politiques et administratives, soutenue par son président, M. de Parieu, et reprise plus tard par lui-même au Sénat dans son contre-projet de 1878 dont nous avons parlé. Ce vote du Conseil d'État vient donc lui-même à l'appui de tout ce que nous avons dit du domaine rationnel des Facultés de droit. Malgré les liens étroits qui nous unissaient au successeur de M. Duruy, il nous sera permis de dire que son adhésion même au projet de réforme de la licence en droit, en raison du dévouement avec lequel il défendait l'École d'administration de 1848[2], de sa haute expérience de l'enseignement du droit, de sa légitime autorité dans ces matières[3], constitue une considération puissante au profit de la réforme.

De toutes ces tentatives, depuis les déclarations législatives si explicites de l'an XII, et malgré la diversité des modes d'exécution proposés, de toutes ces dates, dont le rapprochement étonnerait à d'autres points de vue, 1804, 1819, 1828, 1845, 1849, 1869, 1878, pour aboutir à 1889, ne se dégage-t-il pas cette double vérité : que l'État doit enfin donner aux sciences politiques et administratives la place qui leur est due dans l'enseignement public, et que c'est dans les Facultés de droit, où elles l'occupent déjà, bien que dans des limites trop étroites, que cette place est marquée ? Depuis le commencement du siècle, malgré la variété des régimes politiques, des tendances et des préférences, telle a été la pensée commune de tous ces nobles esprits, appelés par leur initiative patriotique ou par les circonstances à défendre cette grande cause : Fourcroy, Royer-Collard, de Vatimesnil, de Salvandy[4], Duruy,

---

1. Voir la brochure de M. Levasseur, p, 34.
2. Voir la brochure de M. Tranchant.
3. Voir l'article du *Temps* de M. Léveillé, ci-dessus cité.
4. Telle aurait même été, à un moment du moins, la pensée de M. de Falloux, si

Bourbeau, auxquels la circulaire du 12 janvier 1889 ajoute M. Lóc-
kroy.

A ces noms il en reste d'autres à ajouter : celui du ministre qui,
plus heureux que ses devanciers, mais profitant de leurs travaux et
de l'expérience acquise, réalisera la réforme, et ceux des hommes
éminents appelés à en délibérer avec lui, et qui l'y aideront.

Les circonstances sont plus favorables qu'elles ne l'ont jamais été.

Les créations non interrompues de chaires et de cours nouveaux,
dans les Facultés de droit, par le gouvernement de la République depuis 1871, comme par ses devanciers, lui rendent aujourd'hui plus
facile l'achèvement de l'ouvrage, sans en diminuer l'honneur.

Dans la Faculté de droit de Paris, la réforme peut être accomplie
presque sans demande de crédits. Cette vérité résulte du remarquable
rapport de notre éminent collègue M. Bufnoir, du 8 décembre 1888.
Non seulement « les forces à employer » existent dans la Faculté ; mais
une partie des enseignements s'y trouvent déjà et la réforme ne fera
que les déplacer, et pour quelques-uns élargir leur amphithéâtre et
leur auditoire.

Les trois chaires, de droit des gens, de science financière et de droit
administratif, exclusivement affectées aujourd'hui au doctorat, c'est-à-
dire à un petit nombre de jeunes gens, seront appelées à rendre des
services bien plus importants, sans aucune dépense pour l'État. La
réforme fera bénéficier de leur enseignement tous les futurs licenciés
en droit qui le demanderont, à la condition équitable et indispensable
d'en tenir compte dans les épreuves qu'ils auront à subir.

Deux autres professeurs titulaires seront autrement employés. L'un
d'eux naturellement désigné par ses études pour le nouveau cours an-
nuel de droit commercial et maritime comparé, qu'il professe d'ailleurs
à l'école libre des sciences politiques, sera rendu disponible par la
suppression (à Paris seulement parce qu'il y en a cinq) d'un cours de
droit romain. L'autre, non moins désigné, veut bien dans son dévouement à la réforme proposée, consacrer à l'enseignement nouveau de
la législation coloniale le semestre qu'elle peut rendre disponible

----

nous en jugeons par le projet de loi du 22 janvier 1849, auquel il n'a pas donné
suite ; et il serait injuste d'oublier que si l'opposition de M. de Parieu a contribué
puissamment au vote de rejet par le Conseil d'État de la réforme proposée en
1869, il voulait dès lors dans les Facultés de droit le doctorat ès sciences politiques et administratives par lui proposé au Sénat en 1878.

dans l'un *des deux cours de droit criminel de la Faculté de droit de* Paris.

Dans les Facultés de droit des départements, la science et le dévouement sont égaux, et pourvoiront comme à Paris à plusieurs parties importantes de la réforme. Mais comme elles sont dotées de chaires moins nombreuses, des crédits seront nécessaires. Il ne nous appartient pas de nous expliquer à cet égard. La circulaire ministérielle a demandé à chaque Faculté de lui faire connaître ses besoins et admet l'utilité d'une augmentation de personnel. Mais nous supposons que même dans les Facultés de droit le moins bien pourvues, il sera rare que la réalisation de la réforme exige plus de deux agrégés ou professeurs de plus.

Donc la réforme proposée, au point de vue pratique et financier, est aussi facile à réaliser, *même dans un temps où les économies sont utiles*, qu'elle est urgente au point de vue des devoirs de l'enseignement public et des besoins du pays.

Sans s'écarter de leur mission d'ordre purement scientifique, mais qui ne peut, ni ne doit, pas plus chez elles qu'ailleurs, négliger de tenir compte de la variété des carrières ouvertes à l'activité de la jeunesse, les Facultés de droit devront à la réforme de pouvoir mieux remplir leur tâche et d'augmenter la masse des services qu'elles rendent au pays.

Cette réforme n'étendra pas leur domaine scientifique, rationnel et légal, dont les limites naturelles sont entièrement respectées.

Les études d'ordre judiciaire y conserveront toute la place qui leur est due. Pour tous ceux qui le voudront, elles resteront en dehors de la réforme, et pour ceux qui voudront profiter de la réforme, elle leur imposera, en outre de toutes les connaissances nouvelles, et sans surcharge cependant, toutes celles qui, dans la généralité des Facultés de droit, ont été exigées des licenciés en droit, parmi lesquels se sont recrutés la magistrature et le barreau pendant les soixante premières années de ce siècle.

Les études d'ordre politique et administratif devront à la réforme, non pas l'indépendance qu'elles possèdent, mais l'étendue qu'elles n'ont pas encore. Sans doute, comme toutes les choses humaines, et spécialement celles de l'enseignement, dont c'est le devoir et l'honneur de marcher avec la science et les transformations sociales, la réforme sera perfectible elle-même. Mais dès à présent, donné par ces professeurs, si étrangement traités, qui, jeunes ou vieux, ne comprennent pas et n'enseignent pas le droit sans sa philosophie et sans son histoire, cet enseignement sera digne de l'Université, digne de toute cette jeunesse de France qui a le droit de le recevoir dans tous les centres d'enseignement supérieur, sans monopole ni centralisation.

La liberté restera ce qu'elle doit être, respectée de tous, sans qu'il lui appartienne de barrer le chemin aux progrès des établissements de l'État, ni des Facultés libres, sauf son droit de créer d'autres établissements libres.

Si, comme nous l'espérons, la rentrée des Facultés de droit du mois de novembre 1889 s'accomplit sur ces bases nouvelles, il nous semble que de tous les hommages, si nobles et si bien dus, échappés du cœur de la France, dans les fêtes d'un centenaire mémorable, cet hommage, à nul autre pareil, ne sera pas le moins digne de la grande Assemblée nationale et de la génération dont elle portait en elle le génie tout entier.

Il s'agit de l'instruction publique. Il s'agit de l'enseignement des sciences politiques. Si ce génie de la Révolution française ne les a pas créées, les principes de 1789 les ont transformées, fécondées, appliquées, non au profit d'un petit nombre, en retournant sous un faux nom l'esprit de privilège, mais au profit de tous. C'est l'universalité de ces principes qui en fait la grandeur.

Les Facultés de droit ont délibéré. Les autorités universitaires préparent des avis que leur inspire l'expérience égale de l'intérêt général et des besoins locaux. Il appartient désormais au Conseil supérieur de l'instruction publique, à M. le Ministre, et à M. le Président de la République, de dire s'il est possible de maintenir encore un *statu quo* lamentable, en contradiction avec l'intérêt de la jeunesse et de l'État, avec l'esprit de la loi et des institutions de la France, ou si, en 1889, l'heure n'est pas venue d'assurer enfin le bienfait de l'enseignement des sciences politiques à tous les licenciés en droit qui le désirent pour mieux servir leur pays, ou pour le meilleur exercice de leurs droits et le meilleur accomplissement de leurs devoirs de citoyens.

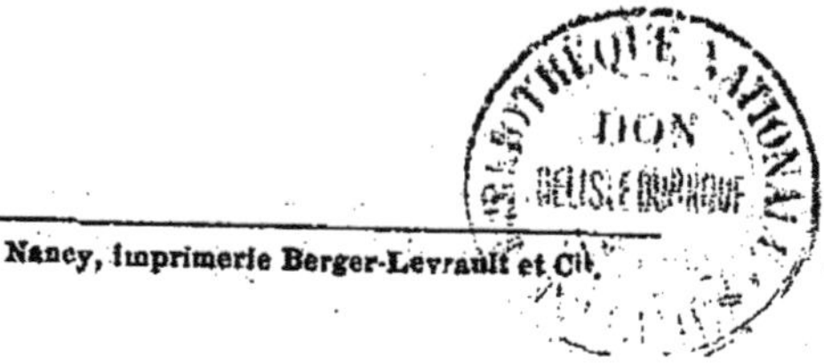

Original en couleur

NF Z 43-120-8

www.ingramcontent.com/pod-product-compliance
Ingram Content Group UK Ltd.
Pitfield, Milton Keynes, MK11 3LW, UK
UKHW020038080726
13614UKWH00004B/1833